1962 – ein ganz besonderes Jahr

1962 ist ein besonderes Jahr: Der erste James Bond kommt ins Kino, die Rolling Stones gründen sich und der Bikini erregt die Gemüter. Eine spannende und amüsante Zeitreise für jeden Mann, der immer schon mal wissen wollte, welche Trends in seinem Geburtsjahr begründet wurden und welche bedeutenden Ereignisse es gab.

Ein Ereignis ist dabei ganz besonders hervorzuheben:

Das größte Highlight 1962 ist die Geburt von:

Liebes Geburtstagskind,

Inhalt

Chinesisches Sternzeichen

Wer im Jahr 1962 das Licht der Welt erblickte, ist im **chinesischen Tierkreiszeichen des Tigers** geboren.

Das chinesische Sternzeichen Tiger ist selbstbewusst und leidenschaftlich

Das Charakterbild des Tiger-Mannes

Der im Tierkreiszeichen des Tigers geborene Mann ist bekannt für sein Selbstbewusstsein und seine Leidenschaft. Er steckt voller Energie und nimmt Herausforderungen mit Begeisterung und einer großen Portion Optimismus an.

Der Tiger-Mann liebt die Abwechslung und das Abenteuer und ist sehr mutig. Mit seiner lebhaften, offenen und herzlichen Art kommt er bei vielen Menschen gut an. Er ist an seinen Mitmenschen ernsthaft interessiert und befindet sich gerne in fröhlicher Gesellschaft.

Der Tiger-Mann ist sehr aktiv bei der Arbeit und macht gerne Karriere. Von Geburt an mit einem Führungsanspruch ausgestattet, wird er von den anderen respektiert.

Er ist daher für alle Berufe geeignet, die Führungs-qualitäten erfordern. Mit einer großen Portion Frech-heit und unbezähmbarer Stärke ausgestattet, kann er eine kompetente Führungspersönlichkeit sein.

In der Partnerschaft ist der Tiger-Mann sehr warm und herzlich. Er zeigt seine Gefühle und hat durchaus eine romantische Seite. Der Tiger erfreut sich in aller Regel einer guten Gesundheit. Er ist aktiv und praktiziert gerne verschiedene Sportarten.

Auf den folgenden Seiten sind Trends, Ereignisse und Geschichten angeführt, die das Geburtsjahr 1962 aus Sicht des Mannes zu einem besonderen Jahr machen. Viel Spaß beim Schmunzeln und Staunen!

Die Rollenden Steine

Als Gründungstermin gilt der erste Auftritt der Band im legendären Londoner Marquee-Club am **12. Juli 1962**. Ihre Musik klingt unkonventionell und ist meilenweit entfernt vom glattgebügelten Fließband-Pop à la Cliff Richards, der die Charts zu dieser Zeit dominiert. Der damalige Gitarrist Brian Jones ruft vor dem Konzert bei einer Zeitung an, um eine Anzeige zu schalten. Auf die Frage, wie die Band denn heiße, muss er zunächst passen – einen Namen gibt es noch nicht. Da fällt sein Blick auf eine Muddy-Waters-Platte, einer der Songs dort heißt „Rollin' Stone". Kurzerhand entscheidet Jones: **„Wir sind die Rollin' Stones."** Der Rest ist Musikgeschichte.

Die Stones im Jahr 1962

Das über 2,7 Mio. Mal auf Youtube angeklickte Album *„The Rolling Stones Greatest Hits Full Album - Top 20 Best Songs Rolling Stones"* gibt es unter diesem Link und QR-Code zum Anhören:

https://bit.ly/rolling-stones-youtube

Kompakter Musikgenuss

Die Firma Braun stellt im Herbst 1962 eine völlig neue **Kompaktanlage** für edle Ansprüche vor. Sie ist flach, aus Metall, volltransistorisiert und sieht völlig modern aus. Eine Kompaktanlage ohne behäbigen Musikschrank zu präsentieren, war 1962 ein Novum von BRAUN.

Das puristische Design ist ausschließlich auf die Technik ausgerichtet. Auf der linken Seite befindet sich der Plattenspieler mit schwarzer Gummiauflage federnd gelagert auf einem Metallchassis. Auf der rechten Seite befinden sich die üblichen Bedienungselemente für den Verstärker und das Radio – elegant in Schwarz-Weiß auf der gebürsteten Metalloberfläche. Die Presse zerriss sich förmlich, um ja auch einen Bericht oder einen Test schreiben zu dürfen.

BRAUN audio 1 m von 1962 - schlichtes, pures Design
von Dieter Rams

Erste Lizenz zum Töten

Die Produzenten Albert R. Broccoli und Harry Salzman tun sich Anfang der 1960er Jahre zusammen, um mit den von ihnen erworbenen Rechten der Romanreihe von **Ian Fleming** Filme zu drehen. Besonders beeindruckend beim Casting finden sie – sehr zum Missfallen des Autors Ian Fleming – den etwas ungehobelt daherkommenden Schotten **Sean Connery**.

„James Bond jagt Dr. No" ist der erste Bond-Film und kommt 1962 in die Kinos. Ursula Andres ist das erste Bondgirl

Die Story: Auf Jamaika wird ein britischer Geheimdienst-Verbindungsmann ermordet. Der MI 6 schickt einen seiner besten Agenten, James Bond (Sean Connery), nach Jamaika, um das Verschwinden des Mitarbeiters aufzuklären. Er kommt dem Treiben des mysteriösen **Dr. No** (Joseph Wiseman) auf die Spur, der auf dem nahe gelegenen Crab Key seine Festung hat.

Den Link und QR-Code zum Film-Trailer gibt's hier:

https://bit.ly/dr-no-1962

Download: Camping-Rezepte für Junggesellen und Strohwitwer

Kochbücher für Campingurlaube gibt es seit den 1960er Jahren.

Hier der Link zu 40 original Camping-Rezepten für Junggebliebene und Strohwitwer aus 1962:

https://bit.ly/1962er-Rezepte-Junggesellen

Neuer Boxweltmeister

Am 25. September wird **Sonny Liston** neuer Boxweltmeister im Schwergewicht. Der 28 Jahre alte farbige US-Amerikaner entthront den ein Jahr jüngeren Titelverteidiger **Floyd Patterson** mit einem Blitz-K.o. nach nur 126 Sekunden. Es ist der zweitschnellste K.o.-Sieg in einer Schwergewichts-Weltmeisterschaft überhaupt. Es wurde ausgerechnet, dass Ex-Weltmeister Patterson in dem Kampf pro Sekunde 15.880 US-Dollar verdient hat, denn sein Honorar lag bei zwei Millionen US-Dollar.

Patterson geht nach zwei Minuten K.o.

Das Originalvideo vom kurzen Kampf ist auf Youtube unter folgendem Link bzw. QR-Code zu sehen:

https://bit.ly/patterson-liston

Meuterei auf der Bounty

Der Spielfilm „**Meuterei auf der Bounty**" aus dem Jahr 1962 ist die erste Farbverfilmung der bekannten Meuterei. Gedreht von Oktober 1961 bis Juli 1962 an Originalschauplätzen auf Tahiti und in Moorea (Französisch-Polynesien). Mit zum Teil Einheimischen und Laienstatisten gilt „Meuterei auf der Bounty" noch heute als einer der optisch eindrucksvollsten Filme der 1960er-Jahre. Neben drei Golden-Globe-Nominierungen, unter anderem in der Kategorie Bester Film, war die Verfilmung bei der Oscarverleihung 1963 in sieben Kategorien nominiert, ging jedoch leer aus.

Für den Film wurde nach Originalplänen eine Bounty etwas vergrößert nachgebaut

Den Trailer zum Film aus 1962 gibt's unter diesem Link bzw. QR-Code:

https://bit.ly/meuterei-1962

Hohe Auszeichnung für Bundestrainer

Anlässlich seines 65. Geburtstages wird dem bundesdeutschen **Fußball-Bundestrainer Sepp Herberger** das **Bundesverdienstkreuz 1. Klasse** verliehen. Herberger war auch aktiver Fußballer. Sein größter Erfolg war die Weltmeisterschaft 1954 in der Schweiz, wo die deutsche Mannschaft durch einen 3:2 Sieg über Ungarn den WM-Titel holte.

Herberger: „Dieser Sieg war in jeder Hinsicht einmalig. Niemand hatte uns eine Chance gegeben. Doch ich habe immer an dieses Team geglaubt, weil es in der Zusammensetzung einmalig war. Jeder rannte für den anderen, es war wirklich eine kämpferische Gemeinschaft – und so schafften wir es."

(li.) Denkmal für die fünf Kaiserslauterer WM-Helden von 1954 mit Zitat von Herberger: *„Die Außenseiterrolle ist ein Schlüssel unermesslicher Kräfte, die – geweckt und geschürt – Energien freisetzt, die helfen Berge zu versetzen."*

(re.) Sepp Herberger erhält das Bundesverdienstkreuz von Postminister R. Stücklen

Mit dem Auto in den Urlaub

Der Boom der Gesellschaftsreisen ist im Abklingen, individuelle Urlaubs- und Feriengestaltung wird 1962 bevorzugt. Dafür spricht auch die immer größer werdende **Vorliebe für das preiswerte Campen**, durch das Reisen ins entferntere Ausland erschwinglich werden. Für die meisten Sonnenhungrigen bleibt Italien das beliebteste Reiseziel. 4,5 Millionen Deutsche werden dort erwartet.

Immer mehr Deutsche schaffen sich einen Wohnwagen an.
Im Bild: Der KNAUS SÜDWIND feiert seine Premiere

Im Jahr 1962 unternehmen 37% der Bevölkerung der Bundesrepublik eine Urlaubsreise. Etwa die Hälfte der Zuhausegebliebenen gibt als Grund dafür mangelnde finanzielle Möglichkeiten an. Im Durchschnitt gibt der reisende Bundesbürger für seinen Jahresurlaub 527 DM (ca. 260 Euro) aus. Darin enthalten sind Kosten für Fahrt, Aufenthalt und Nebenkosten.

Oscarprämiertes Meisterwerk

1962 erscheint der britische Monumental- und Historienfilm „**Lawrence von Arabien**", der sich an den autobiografischen Kriegsbericht „Die sieben Säulen der Weisheit" von Thomas Edward Lawrence anlehnt. Der ehrgeizige, britische Offizier Thomas Edward Lawrence (**Peter O'Toole**) wird 1916 nach Ägypten versetzt. Dort kann er das Vertrauen von arabischen Fürsten gewinnen, zieht aber Misstrauen seitens britischer Offiziere auf sich. Dank seiner guten Verbindung zu den Arabern stellen diese ihm im Kampf gegen die Türken Männer zur Verfügung. Lawrence steigt in seinem Kampf gegen die Türken zur Legende auf, erfährt aber immer mehr Gegenwind aus den eigenen Reihen.

Der Film macht die Hauptdarsteller Peter O'Toole und Omar Sharif international bekannt und erhält 1963 sieben Oscars

Den ganzen knapp vierstündigen Film gibt's auf Youtube (mit deutschen Untertiteln) unter diesem Link bzw. QR-Code:

https://bit.ly/arabien-1962

Vom Plakat zur Strategie

Die **Werbung** gewinnt immer größere **Bedeutung**. Das größere Warenangebot, die Massenproduktion und der dadurch verschärfte Wettbewerb führen zu einem harten Ringen um die Verbrauchergunst. Dabei macht sich auch der Einfluss der US-amerikanischen Branche bemerkbar.

Markt- und Produktforschung sowie Werbepsychologie sind Begriffe, die in den Werbeabteilungen Einzug halten. Zwar gewinnt auch die Fernsehwerbung immer mehr an Gewicht, 1962 wird diese jedoch noch ausschließlich in den bundesdeutschen Regionalprogrammen ausgestrahlt.

(li.) Das Transistorradio ist ein begehrter Artikel.
Werbeanzeige mit Produktfoto.
(re.) Die Zigarette als männliches Attribut lenkt die Aufmerksamkeit auf das Herrenhemd

Bildungsnotstand

Die Schulsituation in Deutschland ist gekennzeichnet durch Mangel an Geld, Lehrern und Schulen, sowie durch die Unterschiedlichkeit der einzelnen Lehrpläne in den Bundesländern. Die Kultusminister aller Bundesländer beschließen auf ihrer Tagung die Einführung eines **neuen Schulfaches an den Gymnasien**.

Ab 1963 soll in den oberen Klassen „**Gemeinschaftskunde**" unterrichtet werden. Von dem neuen Fach, einer Kombination der bisherigen Fächer Geschichte, Erdkunde und Sozialkunde, versprechen sich die Minister eine bessere politische und zeitgeschichtliche Bildung der Abiturienten.

ABC-Schützen des Jahrs 1962. In der Bundesrepublik sind noch immer 45 Prozent der Volksschulen zweiklassig und die Schüleranzahl in einer Klasse dieser Bildungseinrichtung beträgt durchschnittlich 36 Kinder

Eine Legende im Autorennsport

Zu einem britischen Doppelsieg kommt es am 5. August beim 24. Großen Preis von Deutschland auf dem Nürburgring: **Graham Hill** gewinnt vor John Surtees. Hill gewinnt 1962 auch die Weltmeisterschaft.

Graham Hill zählt zu den erfolgreichsten Piloten des internationalen Motorsports. 1960 findet er als erster Pilot im Team-Lotus seinen Einstand in der Königsklasse der Formel 1. **Als einziger Pilot der Geschichte** gewinnt Hill die „500 Meilen von Indianapolis", die „24 Stunden von Le Mans" und die Weltmeisterschaft der Formel 1. In seiner 17-jährigen Karriere erreicht er in 176 Grand-Prix-Rennen 14 Siege und insgesamt 289 WM-Punkte.

Der BRM 57 (British Racing Motors) von 1962 . Ein V8 mit 1.498 ccm und 200 PS

Die rund 75-minütige Dokumentation auf Youtube „*Billy Graham – Ein Leben für die gute Botschaft (BIOGRAPHIE l Dokumentation in voller Länge, Doku)*" gibt's unter diesem Link bzw. QR-Code:

https://bit.ly/doku-hill

Was sonst noch geschah ...

2. Februar:
In der berühmten Gaststätte der bayrischen Hauptstadt München „Donisl" wird seit dem Wiederaufbau die 10.000.000ste Weißwurst, eine Münchner Spezialität, verzehrt

8. März:
In Hamburg wird der erste elektronisch gesteuerte U-Bahn-Zug Europas in Betrieb genommen. Der Fahrer braucht nur noch die Kommandos Fahren und Bremsen zu schalten

15. Mai:
Die erste sechsspurige Autobahn der Bundesrepublik Deutschland wird bei Köln in Betrieb genommen

05. Juni:
Zwischen den Jahren 1959 und 1965 breitet sich die erste Skateboard-Welle in den USA aus. Im Jahre 1962 verkauft der Surfshop „Val-Surf" im Norden Hollywoods erstmals selbstproduzierte Skateboards

Die ersten Skateboards sind noch aus Holz

Was sonst noch geschah ...

10. Juni:
Der 47 kg schwere Schimpanse „Zena" wird in 13.000 m Höhe bei einer Geschwindigkeit von 1.700 km/h aus einem US-Düsenbomber vom Typ B 58 ausgestoßen und kehrt mit dem Fallschirm sicher zur Erde zurück

30. Juli:
Ein Fotokopier-Münzautomat wird erstmals in einem Bürohochhaus in Bosten (USA) aufgestellt

9. August:
Zwei jungen Franzosen gelingt es, den Ärmelkanal in einem Auto, das sie in ein Amphibienfahrzeug umgebaut haben, zwischen Calais und Dover in sechs Stunden zu überqueren

21. Dezember:
Das US- Raketenflugzeug „X15" fliegt einen neuen Weltrekord und dringt bis zu einer Höhe von 143 km in den Weltraum vor (Bild unten)

Impfpflicht wirkt

1962 wird in Deutschland die **Schluckimpfung** gegen die Kinderlähmung (Poliomyelitis) **zur Pflicht**. Die Impfung wird mit einem Stück Zucker als Schluckimpfung verabreicht und ist die einzig wirksame Vorbeugung gegen Kinderlähmung.

Die Gesundheitsministerkonferenz der Länder in Bonn stellt auf ihrer Sitzung im Oktober fest, dass gegenüber dem Vorjahr mit 4.605 erkrankten Personen, in diesem Jahr nur einige wenige Erkrankungen aufgetreten sind.

(li.) Die ersten Impflinge im Februar 1962. (re.) In Hamburg wird der kostenlose Polio-Impfstoff an Matrosen verteilt

Im Wilden Westen

Eine der bekanntesten US-Fernsehserien der 1960er Jahre, die im Western-Milieu der 1860er Jahre spielt, ist **Bonanza**. Mit über 430 Folgen ist sie die zweitlängste Westernserie der Welt und die längste, die in Deutschland über die TV-Bildschirme flimmerte.

Die Familie Cartwright, um die sich die Serie dreht, besteht aus dem Vater Ben Cartwright und seinen drei Söhnen Adam, Hoss und Little Joe, die alle auf der Ponderosa-Ranch leben

Die erste Folge „*Bonanza Staffel 1 Folge*" *ist* auf Youtube unter folgendem Link bzw. QR-Code:

https://bit.ly/bonanza-folge-1

Kreisende Hüften

Aus den USA kommt ein neuer **Modetanz**, der nun in fast jedem Tanzlokal in der Bundesrepublik die Hüften kreisen lässt. **Twist**, das Wort kommt aus dem Englischen und bedeutet drehen, winden oder auch verdrehen. Der Tanz wird in der „Peppermint Lounge" in der 45. Straße von Manhattan geboren. In dieser New Yorker Tanzkneipe twisten seit Oktober 1961 Damen in Abendkleidern und Männer in Lederjacken nebeneinander.

Twist-Filme und Twist-Schallplatten (bekanntester Hit ist „Let`s Twist again" von Chubby Checker) überschwemmen den Markt. Auch gibt es immer mehr Twist-Wettbewerbe. Am 13. März stellt der 21-jährige Brite Kevin O`Brien aus Harlow mit 96 Stunden und 31 Minuten Twisttanzen einen neuen Weltrekord auf.

Massenandrang auf das „Twist-Erfinder-Tanzlokal"
Peppermint Lounge mitten in Manhattan

1. FC Köln ist Fußballmeister

Im Berliner Olympiastadion wird der 1. FC Köln mit einem 4:0 Sieg über den 1. FC Nürnberg zum ersten Mal in seiner Vereinsgeschichte **Deutscher Fußballmeister.** 82.000 Zuschauer erleben ein überlegenes Spiel der Mannschaft aus dem Rheinland. Wegen der Fußball-Weltmeisterschaft in Chile war der DFB gezwungen, eine verkürzte Endrunde, das heißt, eine einfache Punktrunde (ohne Rückspiele) auf neutralen Plätzen durchzuführen.

Nur 14 Jahre nach seiner Gründung kann der 1. FC Köln 1962 den Gewinn der ersten Meisterschaft feiern

Das rund zweiminütige Youtube-Video *„1962 - Die Meisterfeier des 1. FC Köln"* ist unter folgendem Link bzw. QR-Code anzusehen:

https://bit.ly/FC-köln-1962

Zwei kleine Italiener

Die Schlagersängerin **Conny Froboess** erreicht mit ihrem Titel „**Zwei kleine Italiener**" Platz 1 der Deutschen Schlager-Festspiele 1962 in Baden-Baden und vertritt damit Deutschland beim 7. Grand Prix Eurovision in Luxemburg. Obwohl sie dort nur einen 6. Platz erzielen kann, wird der Titel zu einem **Millionenhit** und ist noch heute ein beliebter Evergreen. Cornelia Froboess nahm diesen Titel selbst in Niederländisch (Twee kleine Italianen), Italienisch (Un bacio all'italiana) und Englisch (Gino) auf.

Cornelia Froboess beim Grand Prix Eurovision 1962
und dem Single-Cover ihres Hits

Eine Aufnahme aus 1962 gibt es unter diesem Link bzw. QR-Code:

https://bit.ly/2-kleine-italiener

Ende der Rassentrennung

Am 26. Februar entscheidet der Oberste Gerichtshof der Vereinigten Staaten von Amerika, dass eine **Rassentrennung** in öffentlichen Verkehrsmitteln **verfassungswidrig** ist und dass lokale oder einzelstaatliche Gesetze, die eine solche Rassentrennung vorsehen, ebenfalls verfassungswidrig sind.

Mit diesem Urteil ist eine weitere Voraussetzung für die Emanzipation der schwarzen Bevölkerung in allen Bundesstaaten der USA geschaffen worden. Ein Ziel, für das sich der Justizminister der USA, Robert Kennedy, seit seinem Amtsantritt 1961 mit Engagement einsetzt.

Justizminister Robert Kennedy umringt von einer begeisterten Menge nach Verkündung des Urteils

Der Bikini wird verboten

In der westfälischen Stadt **Mettingen** wird im Mai 1962 den Mädchen und Frauen das **Tragen von Bikinis** im öffentlichen Freibad der Stadt durch Beschluss des Gemeinderates **untersagt**. Bevor über den von der katholischen Seite gestellten Antrag abgestimmt wird, muss noch die Frage eines Ratsmitgliedes beantwortete werden, was denn eigentlich ein Bikini sei.

Als ihn ein ebenfalls dem Rat angehörender Lehrer über die Form der neuen Bademode aufklärt, nämlich, dass sie zweiteilig seien, äußerst knapp bemessen und den weiblichen Bauch den Blicken aller freigegeben, ist auch dieser Gemeinderatsvertreter von der Amoralität dieser postmoralischen Bekleidungsform überzeugt.

Bikini-Mode aus dem Jahr 1962

Eine Ski-Legende

Mit einem Sieg in der Abfahrt und dem damit verbundenen Gewinn der Kombination wird der Österreicher **Karl Schranz** der erfolgreichste Skiläufer der Weltmeisterschaften im französischen Ort Chamonix. In einem Abfahrtsrennen voller Dramatik, in dem 15.000 Zuschauern auf der „grünen Piste" in Le Houches 14 Rennfahrer den Streckenrekord des Ex-Weltmeisters Guy Perillat unterbieten, zeigt sich der Österreicher überlegen.

Karl Schranz in seinem Element – hier auf der Lauberhorn Abfahrt

Der Abfahrer und Riesentorläufer nützt als einer der ersten den Windkanal, fällt ab 1966 mit einem einteiligen Rennanzug auf und beschleunigt auf den letzten Metern vor dem Ziel mit seiner „Schranz-Hocke". Die 45-minütige Dokumentation *„Ski - Karl Schranz - Die Geschichte"* ist auf Youtube unter folgendem Link bzw. QR-Code zu sehen:

https://bit.ly/karl-schranz

Exklusiv: 1962er Rezepte für Apfelsuppen und Apfelsaucen

Der Apfel ist besonders gesund. Schon 1962
erscheinen Bücher mit Apfelrezepten

Äpfel sind gut für eine ausgewogene Ernährung und
sind auch für den Mann von heute besonders gesund.
Hier der Link und QR-Code zu 19 Apfelsuppen-
Rezepten aus dem Jahr 1962:

https://bit.ly/Apfelsuppen-1962

Auch für Saucen eignen sich Äpfel hervorragend. Hier
15 Rezepte aus dem Jahr 1962 mit Link und QR-Code:

https://bit.ly/Apfelsaucen-1962

Diskriminierung an der Uni

Am 1. Oktober 1962 kommt es in der US-Universitätsstadt **Oxford** zu blutigen Straßenkämpfen. Anlass ist die Immatrikulation des 29-jährigen Schwarzen James H Meredith an der dortigen Hochschule. Da ihm der Gouverneur des Bundes-Staates Mississippi trotz positiver Entscheidung des Höchstgerichtes den Zugang verweigert, entsendet Präsident John F. Kennedy mehrere 100 Justizexekutivbeamte, die Meredith zur Universität begleiten.

James Meredith mit Begleitschutz von US-Marshalls auf dem Weg zur Universität. 17 Monate hatte er für sein Recht kämpfen müssen. Nun ist er von den 930.000 in Mississippi lebenden Schwarzen der Einzige in diesem Bundesstaat, der mit Weißen zusammen die Universität besucht

Tanken in Selbstbedienung

Die Tank-Automaten GmbH in Hagen kündigt die Aufstellung von **automatischen Tankanlagen** für Benzin an. Damit soll vor allem der Bedarf in Außenbezirken der Großstädte, wo die Tankstellen keine durchgängigen Öffnungszeiten haben, gedeckt werden.

Der Benzinautomat, ähnelt im Aufbau einer Rechenkopf-Tanksäule. Anstelle des Tankschlauches befindet sich an der Seite ein Hebelzug, durch den nach Einwurf von fünf Mark (ca. 2,5 Euro) eine Abgabemenge ausgelöst wird. Füllmenge, Tagespreis und Wechselgeldbetrag sind im Rechenkopf-Sichtfenster zur Kontrolle ausgewiesen.

Erster Tankautomat im Autohof Essen. Da die Bedienung wegfällt, ist der Liter Benzin um zwei Pfennige billiger

Ein TV-Star feiert Geburtstag

Am 7. März feiert **Heinz Rühmann**, einer der populärsten deutschen Theater- und Filmschauspieler seinen **sechzigsten Geburtstag.** Nach seiner Schauspielausbildung in München geht er zu Max Reinhard in Berlin und kommt dort erstmals mit dem Film in Berührung. 1930 hat er seinen großen Durchbruch in dem Streifen *„Die Drei von der Tankstelle".* Zu Beginn seiner Karriere wird er durch seine komischen Rollen berühmt, mit zunehmendem Alter wandelt er sich zu einem Charakterdarsteller mit ebenso überzeugendem Erfolg, wie zum Beispiel im Film *„Der Hauptmann von Köpenick"* von 1956. Er dreht über 100 Filme. Besonders brilliert er in *„Der brave Soldat Schwejk"* aus dem Jahr 1960.

Heinz Rühmann als Pater Brown im Film „Er kanns nicht lassen" aus dem Jahr 1962

Der Film *„Heinz Rühmann - Der Hauptmann von Köpenick (1956) Ganzer Film"* ist auf Youtube unter dem Link bzw. QR-Code anzusehen:

https://bit.ly/rühmann-film

Erste Autowaschanlage der Welt

Es ist ein historischer Tag für das Auto: Am 8. August 1962 melden die Augsburger Unternehmer Gebhard Weigele und Johann Sulzberger die weltweit erste „**selbsttätige Waschanlage für Kraftfahrzeuge**" zum Patent an. Die maschinelle Reinigung, ein Symbol des Wirtschaftswunders, ist geboren. Es ist eine Zwei-bürsten-Anlage, die während des Waschens auf Schienen um den Wagen herumkreist. Die erste Waschanlage hat nur ein Programm - und das heißt „Waschen".

Am 8. August 1962 meldet ein Augsburger Unternehmer-Duo das Patent für die weltweit erste Autowaschanlage an

Ein Video zur ersten Autowaschanlage gibt es unter folgendem Link bzw. QR-Code:

https://bit.ly/erste-waschanlage

Hawaii kommt in Mode

Elvis Presley findet auch modisch Beachtung, als er in seinem Film „Blue Hawaii" das **Hawaii-Hemd** wieder in Erinnerung bringt. Dieses farbenfrohe Männer-Kleidungsstück, dessen Entstehung in das 19. Jahrhundert zurückgeht, hat 1962 ein Comeback.

Elvis mit topmodernem Hawaii-Hemd im Film „Blaues Hawaii" (1961)

Das Hawaii-Hemd ist nicht sofort auf den Straßen zu sehen, doch es sorgt vor allem dafür, dass die Hemden-Schnittführung in der Männermode eine Veränderung erfäht. Unter der Bezeichnung **Pua Pua** (dt. kurz) kommt ein **Baumwollhemd** auf den Markt, das lange Ärmel hat, weiß ist und dessen typische Hawaii-Farbgebung erst in Höhe der Taille beginnt. Dieses Hemd war kühn erdacht, denn es sollte den Abendanzug samt Krawatte ersetzen und wurde auch noch mit offenem Kragen getragen.

Pilzköpfe in Hamburg

Die **Beatles** treten im April zum ersten Mal in neuer Besetzung in dem kurz zuvor eröffneten Star-Club in Hamburg auf. Am Schlagzeug sitzt nun Ringo Starr für Pete Best, von dem sich die Beatles wegen Meinungsverschiedenheiten getrennt hatten. Nach ihrer Rückkehr aus der Hansestadt werden sie durch Auftritte in Liverpools legendärem Cavern Club bekannt. Mit ihrem Haarschnitt, dem Pilzkopf, und ihrer Kleidung werden sie zum Idol vieler Jugendlicher.

Die Beatles , Ringo Starr, Paul McCartney, George Harrison und John Lennon treten 1962 im neuen Star-Club in Hamburg auf

Eine Aufnahme eines etwa einstündigen Auftritts im Star-Club in Hamburg aus dem Jahr 1962 gibt es auf Youtube unter folgendem Link bzw. QR-Code:

https://bit.ly/Star-Club-1962

Oscars für zwei Europäer

Zwei Schauspieler, die nicht aus den USA kommen, die Italienerin **Sophia Loren** und der Schweizer **Maximilian Schell**, werden in Santa Monica mit dem Oscar als beste Darsteller ausgezeichnet. Sophia Loren erhält den Preis für ihre Darstellung einer jungen Mutter in dem Film von Vittorio de Sica „Und dennoch leben sie". Maximilian Schell wird für die Darstellung des Verteidigers in dem Film „Das Urteil von Nürnberg" von Stanley Kramer preisgekrönt.

1962: Maximilian Schell und Sophia Loren werden in New York ausgezeichnet. Schell als bester Schauspieler in „Das Urteil von Nürnberg". Loren für ihre Rolle in „Und dennoch leben sie"

Die 50-minütige Dokumentation *„Sophia Lorens viele Facetten | Doku | ARTE Reupload"* ist auf Youtube unter folgendem Link bzw. QR-Code zu sehen:

https://bit.ly/sophia-loren-doku

Gefängnis für Freiheitskämpfer

Nelson Mandela, führendes Mitglied der Anti-Apartheidsorganisation (ANC), wird nach zweijähriger Fahndung im August 1962 in Südafrika **verhaftet.** Im November wird der südafrikanische Freiheitskämpfer von einem Gericht in Pretoria (Südafrika) zu fünf Jahren Gefängnis verurteilt. Mandela war bis zum Verbot des Afrikanischen Nationalkongresses (ANC) 1960 Generalsekretär dieser Organisation. Insgesamt verbringt er 27 Jahre hinter Gittern.

Der ANC galt als die wichtigste politische Organisation der Schwarzen in Südafrika und als radikaler Verfechter der Forderung nach Abschaffung der Rassenschranken. Deshalb wurde der ANC in Südafrika verboten und verfolgt.

Nelson Mandelas Gefängniszelle während seiner Gefangenschaft auf der ehemaligen Gefängnisinsel Robben Island, Kapstadt

Das rund 12-minütige Video *„Nelson Mandela und die Apartheid in Südafrika"* ist unter folgendem Link bzw. QR-Code zu sehen:

https://bit.ly/nelson-doku

Ein vergöttertes Idol

Am 5. August wird die US-Schauspielerin **Marilyn Monroe** tot in ihrer Wohnung in Los Angeles aufgefunden. Die ärztliche Untersuchung ergibt, dass sie eine Überdosis Schlaftabletten eingenommen hat. Um ihren Tod ranken sich sofort Gerüchte. Mehrere Umstände weisen darauf hin, dass es kein Selbstmord war. Vermutungen werden geäußert, dass Marilyn Monroe hochgestellten Persönlichkeiten des politischen Lebens lästig und gefährlich geworden ist. In diesem Zusammenhang fallen die Namen des US-Präsidenten John F. Kennedy und seines Bruders Robert.

Marilyn Monroe mit Clark Gable in ihrem letzten Film aus 1961: „Misfits" „(Nicht gesellschaftsfähig"). Den Original-Trailer zum Film gibt's unter diesem Link bzw. QR-Code:

https://bit.ly/misfits-trailer

Erster Kommunikations-Satellit

Endlich ein Erfolg in der Weltraumtechnik: 1962 bringen die USA **Telstar 1** auf den Weg, den ersten Kommunikationssatelliten im Weltraum. Telstar 1 kann (jedenfalls theoretisch) Fernsehprogramme und Telefongespräche übertragen. Allerdings befand sich der Satellit nicht auf einer geostationären Bahn, was sich als Fehlplanung erwies.

Er konnte jeweils nur in einem kurzen Zeitfenster arbeiten, bis er aufgrund seiner geänderten Position relativ zur Erde unerreichbar war. Zusätzlich zu diesem Manko wurde Telstar 1 schon kurz nach seinem Start beschädigt und fiel daher bald aus.

Der erste Kommunikationssatellit „Telstar 1"

Die rund 30-minütige Dokumentation *„AT&T Archives: Telstar!"* (auf Englisch) aus dem Jahr 1962 zeigt die Entwicklung des Satelliten. Der Link bzw. QR-Code dazu:

https://bit.ly/telstar-1-doku

Die Hochzeit der Piaf

Die 46-jährige französische Chanson-Sängerin **Edith Piaf** heiratet in Paris den 23-jährigen Griechen Theo Lamboukas.

Die französische Sängerin machen vor allem ihre Interpretationen von Chansons und Balladen welt-berühmt. Ihr Gesangsstil scheint die Tragödien ihres Lebens widerzuspiegeln. Zu ihren größten Erfolgen gehören *„La vie en ros"e*, *„Milord"* und *„Non, je ne regrette rien"*.

Die Best-Off-Kollektion von Edith Piaf gibt es auf Youtube zum Anhören. Hier der Link und QR-Code dazu:

https://bit.ly/Best-off-Edith-Piaf

Exklusiv: 150 Cocktailrezepte

Cocktailbücher gibt es schon in den 1960er Jahren in jeder Buchhandlung

Hier gibt es 150 original Cocktail-Rezepte aus dem Jahr 1962 zum Download. Der Link und QR-Code dazu:

https://bit.ly/150-Cocktails-1962

Ein Kobold feiert Premiere

„Meister Eder und sein Pumuckl" ist eine Kinderreihe von Ellis Kaut. Sie handelt von dem kindlichen Kobold Pumuckl, der für den Münchner Schreinermeister Franz Eder sichtbar wurde, weil er an dessen Leimtopf kleben geblieben war. Nach Kobolds-Gesetz muss Pumuckl nun bei diesem Menschen bleiben.

„Spuk in der Werkstatt" lautet der Titel des ersten Pumuckl-Hörspiels, das der Bayerische Rundfunk am **21. Februar 1962** sendet. Der Erfolg der produzierten Hörspielreihe war so durchschlagend, dass einige Geschichten ab Anfang der 1980er Jahre auch für das Fernsehen und das Kino umgesetzt wurden. Die Geschichten rund um Meister Eder und seinen Pumuckl sind seit ihrer Erstausstrahlung fester Bestandteil im Geschichtenkanon unzähliger Kinderzimmer. Die Figur wird so bekannt, dass sich die Geschichten auch außerhalb des deutschen Sprachraums verbreiten und adaptiert werden.

Meister Eder (Gustl Bayrhammer) mit seinem Pumuckl

Ein Schatz im Silbersee

Im In- und Ausland gleichermaßen ein großer Erfolg wird Harald Reinls Film **„Der Schatz im Silbersee"** nach dem gleichnamigen Roman von Karl May. **Lex Barker** als Old Shatterhand und **Pierre Briece** als Winnetou sind auch in der folgenden Winnetou-Trilogie (1963-1965) die Hauptdarsteller.

Zur Handlung: Winnetou und Old Shatterhand verfolgen den Ganoven Brinkley, der skrupellos versucht, den sagenhaften Schatz im Silbersee zu finden. Die Blutsbrüder müssen jedoch mit ansehen, wie ihr Widersacher vor ihnen die Schatzhöhle erreicht. Brinkley glaubt am Ziel seiner Träume zu sein. Doch der sterbende Hüter des Schatzes kann noch einen Mechanismus in Gang setzen, der die Höhle zum Einsturz bringt.

Der Schatz im Silbersee wurde erstmals 1890/1891 als Fortsetzungsgeschichte in der Zeitschrift „Der gute Kamerad" veröffentlicht; die erste Buchausgabe erschien 1894. In den Hauptrollen der gleichnamigen Verfilmung: Pierre Briece und Lex Barker

Unterhaltung im TV

Im Jahr 1962 sind bereits 35 % der bundesdeutschen Haushalte mit einem Fernseher ausgestattet und es ist üblich, Bekannte oder Nachbarn zum Fernsehen einzuladen. Nach dem Abendessen wird der Fernseher eingeschaltet und zur Zeit der „Tagesschau" gehört es sich nicht, seine Freunde und Verwandten anzurufen. Wenn auch Nachrichten und politische Sendungen einen sehr großen Teil am Fernsehangebot ausmachen, so sind doch Unterhaltungssendungen am beliebtesten. Quizsendungen wie **„Was bin ich?"** mit Robert Lembke erzielen erstaunlich hohe Einschaltquoten.

Robert Lembke (Mitte) mit seinem „Was bin ich?"-Rateteam (v.l.n.r.): Guido Baumann, Annette von Aretin, Hans Sachs, und Marianne Koch

Das Rateteam muss den Beruf eines Gastes herausfinden. Zunächst einziger Anhaltspunkt: eine typische Handbewegung, die eingangs vorgeführt wird. Das Team stellt dem Gast danach Fragen, die nur mit »Ja« oder »Nein« beantwortet werden dürfen. Für jedes »Nein« erhält der Kandidat 5 DM (ca. 2,50 Euro) die Moderator Robert Lemke in ein »Schweinderl«, ein Sparschwein, steckt. Nach dem zehnten Nein wird der Beruf des Gastes offenbart.

Tunnel in die Freiheit

75 Fluchttunnel, die nach dem Mauerbau **zwischen Ost- und Westberlin** gegraben wurden, sind dokumentiert. Am 14. und 15. September 1962 fliehen insgesamt 29 DDR-Bürger durch einen 120 Meter langen Tunnel, den rund 30 Helfer in West-Berlin von der Bernauer Straße 78/79 aus in die Schönholzer Straße 7 nach Ost-Berlin gegraben haben.

Die US-amerikanische Fernsehgesellschaft NBC gibt danach bekannt, dass sie den Bau des Flüchtlingstunnels von Berlin-Ost nach Berlin-West finanziert hat, um dort eine sensationelle Flucht zu filmen. Noch im gleichen Jahr kommt die geglückte Flucht als Spielfilm in die Kinos. Im Dezember sehen Millionen US-amerikanische Fernsehzuschauer den authentischen Tunnelfilm „**Tunnel 28**".

(li.) Filmszene aus „Tunnel 28" mit Christine Kaufmann. (re.) Der Zweiteiler aus dem Jahr 2001. Er schildert die Ereignisse der Tunnelflucht

Beide Teile von „Der Tunnel" sind auf Youtube zu sehen: Hier der Link und QR-Code zu Teil 1:

https://bit.ly/der-tunnnel

Literaturnobelpreis

Den Nobelpreis für Literatur erhält 1962 der 60-jährige US-amerikanische Schriftsteller **John Steinbeck** für seine gleichermaßen realistische wie auch phantasievolle Erzählkunst. Zu seinem bekanntesten Werk zählt **„Jenseits von Eden"**.

„Jenseits von Eden". Eine große amerikanische Familiensaga - verfilmt mit James Dean

Von der Mitte des letzten Jahrhunderts bis zum Ende des Ersten Weltkriegs reicht die Zeitspanne, die diese große amerikanische Familiensaga umfasst.

Die rund 80-minütige Dokumentation: *„Die James Dean Story HD"* gibt's auf Youtube unter folgendem Link bzw. QR-Code:

https://bit.ly/doku-james-dean

Wohnen wird leistbarer

In den vergangenen Jahren hat die Gestaltung der Wohnungseinrichtung immer mehr an Bedeutung gewonnen, denn nach der schnellen Aufbauphase nach 1945 verfügen die meisten Familien in der BRD über ihre eigenen, **zumeist gemieteten vier Wände**.

Den höchsten Anteil bilden laut Statistik die Drei- und Vierzimmerwohnungen (inkl. Küche), in der einer Person durchschnittlich 17 m² zugerechnet werden. Die Räume sind nicht besonders groß, doch zeichnet sich der Trend zu einem größeren Wohnraum und kleineren Schlaf- und Kinderzimmern ab.

(li.) Leichte funktionale Sitzmöbel und klare Linien lassen den Einfluss skandinavischen Designs erkennen

(re.) Als Bodenbelag für Kinderzimmer empfehlen die Hersteller Linoleum

Farbige Fernsehbilder

In den 1960er-Jahren besitzen die meisten Haushalte noch Schwarzweiß-Fernseher. Farbfernseher sind vergleichsweise teuer und haben Mängel bei der Farbqualität. Eine sichtbare Verbesserung bringt das 1962 entwickelte **PAL-System** (Phase Alternation Line). Es beruht darauf, jeweils zwei nebeneinander liegende Bildzeilen miteinander zu verrechnen und so den Farbton zu korrigieren.

Als Erfinder gilt der bei Telefunken beschäftigte deutsche Ingenieur **Walter Bruch**. Am 31. Dezember 1962 meldet Telefunken es als „Farbfernsehempfänger für ein farbgetreues NTSC-System" beim Deutschen Patentamt an. Bis zur Einführung des Farbfernsehens in Deutschland vergehen noch einmal vier Jahre. Am 25. August 1967 gibt der damalige Bundesaußenminister und Vizekanzler Willy Brandt auf der Internationalen Funkausstellung in Berlin den Startschuss für die farbigen Bilder auf der Mattscheibe.

Walter Bruch ging als Mr. PAL in die Geschichte des Fernsehens ein

Zwei Monate unter dem Gletscher

Am 17. September bergen Angehörige der Bereitschaftspolizei den 23-jährigen **Michel Siffre** aus einer Gletscherhöhle in den französischen Alpen. **Zwei Monate** verbrachte der Höhlenforscher **in 130 m Tiefe**. Er wollte herausfinden, ob Menschen einen Atomkrieg unter der Erdoberfläche überleben könnten. Als einzige Verbindung zur Außenwelt fungierte ein Telefon. Schon nach einer Woche verlor er den Farbsinn völlig. Ein Tintenfass, von dem er wusste, dass es blau war, sah er in leuchtendem Grün. Auch hatte er schon bald kein Zeitgefühl mehr. In den letzten Wochen klagte er immer häufiger über Schwindelanfälle und Gedächtnisstörungen.

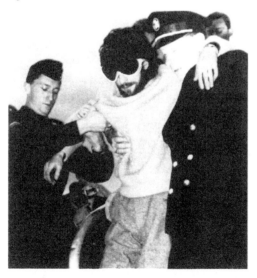

Nach dem Verlassen der Höhle muss Siffre, hier bei der Ankunft in Paris, die an das Dunkel gewöhnten Augen mit Opalgläsern schützen

Weltausstellung

Am 21. Oktober geht in **Seattle** (USA) die Weltausstellung mit einem Feuerwerk zu Ende. Fast zehn Millionen Menschen besuchen die Ausstellung der Superlative. Die Weltausstellung zeigt die Entwicklung der einzelnen Wirtschafts- und Industriezweige der USA seit den Weltausstellungen 1940 in San Francisco und 1950 in Chicago. Der Schwerpunkt liegt auf der Entwicklung der Maschinen- Elektro- und Flugzeugindustrie. Bei Seattle liegen die Anlagen der Boing-Werke, die Flugzeuge und Raketen herstellen.

Werbeplakat mit dem extra für die Weltausstellung errichteten, 184 m hohen „Space Needle". Der Turm war zum Zeitpunkt seiner Fertigstellung das höchste Gebäude westlich des Mississippi und prägt auch heute noch die Skyline von Seattle

Ein zweiminütiges Video aus 1962 über diese Weltausstellung ist unter diesem Link bzw. QR-Code zu sehen:

https://bit.ly/1962er-weltausstellung

Amerikaner umrundet die Erde

Die **erste erfolgreiche Erdumkreisung** einer bemannten US-Weltraumkapsel mit Oberleutnant John H.
Glenn an Bord gelingt am 20. Februar. Die USA
können damit den Vorsprung der Sowjetunion in der
bemannten Raumfahrt verringern. Vor Glenn hatten
die sowjetischen Astronauten Juri Gagarin und
German Titow bereits 1961 die Erde umrundet.

John H. Glenn beim Einstieg in die Raumkapsel

Glenns Flug kann von Millionen US-Bürgern live am
Bildschirm miterlebt werden. Die Nation bangt um
den Astronauten und aus öffentlichen Lautsprechern
tönt die Aufforderung: „Bitte, beten Sie für Glenn." Die
New York Times schreibt: „Die Zeit stand still, als
unzählige Millionen einem der größten dramatischen
Ereignisse der modernen Zeit beiwohnten."

Erstes Atomfrachtschiff

Die „**Savannah**", das erste atomgetriebene Handelsschiff der Welt, tritt ihre Jungfernfahrt an. Gleichzeitig wird in den USA bekannt, das das 22.000 Tonnen große Schiff das erste und letzte atomgetriebene Handelsschiff der USA sein soll. Bau- und Unterhaltskosten seien im Vergleich zu konventionellen Schiffen viel zu hoch. Die hohen Kosten würden sich nur rechnen, wenn das Schiff schneller fahren und mehr Fracht aufnehmen könnte.

Die Savannah vor der Golden Gate Brücke 1962

Die rund zweiminütige Youtube-Doku „*NS Savannah maiden voyage (August 20, 1962)*" über das Atomschiff gibt's unter diesem Link bzw. QR-Code:

https://bit.ly/svannah-1962

Jagd auf einen Mörder

Mit der sechsten Folge geht der Fernsehkrimi „**Das Halstuch**" zu Ende. 20 bis 25 Millionen Zuschauer in der BRD verfolgen jedes Mal **Inspektor Harry Yates (Heinz Drache)** auf der Suche nach dem Mörder. Nie zuvor in der Geschichte des Fernsehens der BRD wird die ganze Nation derart in den Bann gezogen. Während der Ausstrahlung der einzelnen Folgen ändert der Rhythmus des Lebens in Stadt und Land seinen gewohnten Gang: Die Straßen sind leergefegt, keine Veranstaltung kann es wagen zum „Halstuch" in Konkurrenz zu treten. Die Frage „Wer ist der Mörder?" ist ständiges Gesprächsthema, überall wo Menschen zusammenkommen.

Heinz Drache als Kriminalinspektor Yates im Straßenfeger von 1962 „Das Halstuch"

Alle sechs jeweils rund 40-minütigen Folgen sind auf unter folgendem Link bzw. QR-Code auf Youtube anzusehen: Hier der Link zur Folge eins:

https://bit.ly/Das-Halstuch-1962

SPIEGEL-Bestseller

Im Oktober 1962 erscheint unter dem Namen „Bücherspiegel" zum ersten Mal die Bestsellerliste des „Spiegel". Sie setzt sich als Standard durch und der Titel **„SPIEGEL-Bestseller"** ist auch heute noch eine begehrte Auszeichnung.

SPIEGEL-Bestsellerliste vom 11.12.1962

1. Lee. »Wer die Nachtigall stört
2. Breitbach: Bericht über Bruno
3. Gräfin Dönhoff: Namen, die keiner mehr nennt
4. Golon: Angélique, die Rebellin
5. Morrow Lindbergh: Die Hochzeit
6. Bergengruen: Der dritte Kranz
7. Déry: Der unvollendete Satz
8. Mehnert: Peking und Moskau
9. Lehndorff: Ostpreußisches Tagebuch
10. Benn: Lyrik und Prosa

SPIEGEL-Beststeller 1962:
„Wer die Nachtigall stört"
Autor Harper Lee beschwört den Zauber und die versponnene Poesie einer Kindheit im tiefen Süden der Vereinigten Staaten.

Handlung: Die Geschwister Scout und Jem wachsen in einer Welt von Konflikten zu tolerant denkenden Menschen heran. Menschliche Güte und stiller Humor zeichnen diesen Roman aus, der in mehr als 40 Sprachen übersetzt wird und im Sturm die Herzen von Millionen Lesern erobert.

Norton Atlas 750

Mit der **Atlas 750** reagiert auch der britische Motor-radhersteller **Norton** auf die Wünsche der Kunden, die immer stärkere und schnellere Maschinen haben wollen. Die Norton Atlas wird 1962 zunächst ausschließlich für den US-Markt gebaut und der Hubraum wird von 600 auf 750 ccm aufgebohrt.

Produktion	1962–1968
Bauart	Standard
Steuerung	OHV
Hubraum (ccm)	745
Zylinder	2
Motorbauart	Parallel-Twin
Leistung (PS)	55
Höchstgeschw. (km/h)	190
Antrieb	Kette
Gänge	4
Gewicht (kg)	185

Das Diktum des Ingenieurs Edward Turner, dass ein Parallel-Twin niemals 650 Kubikzentimeter und 6.500 Umdrehungen pro Minute überschreiten sollte, da die Vibrationen ansonsten desaströs werden würden, bewahrheitet sich auch diesmal. Trotzdem scheinen die Kunden keinen zu großen Anstoß daran zu nehmen, zumindest so lange der Zeiger auf der Drehzahlanzeige die 5.000 nicht überschritt.

Ein tolles rund 15-minütiges Video über die 650er-Version (auf Englisch) ist unter diesem Link bzw. QR-Code zu sehen:

https://bit.ly/atlas-650-1962

Hits des Jahres

Deutsche Jahrescharts 1962

1. Ich schau den weißen Wolken nach von Nana Mouskouri
2. Heißer Sand von Mina
3. Mexiko von Bob Moore
4. Speedy Gonzales von Pat Boone
5. Tanze mit mir in den Morgen von Gerald Wendland
6. Zwei kleine Italiener von Conny
7. Paradiso (Tu mir nicht weh) von Connie Francis
8. Hawai Tattoo von Waikikis
9. Sauerkraut-Polka von Gus Backus
10. Eine Rose aus Santa Monica von Carmela Corren

Deutsche Schlager dominieren 1962 die Hitparade. Mit dem Liebeslied *„Ich schau den weißen Wolken nach"* gelingt **Nana Mouskuri** ein Riesenhit. Der Song aus 1962 ist auf Youtube zu sehen: Hier der Link und QR-Code dazu:

https://bit.ly/ich-schau

Preis für Gustav Knuth

Der bei dem Publikum in der Bundesrepublik sehr beliebte deutsche **Schauspieler Gustav Knuth** erhält den Ernst-Lubitsch-Preis für seine schauspielerische Leistung in dem Film „Der Lügner" verliehen.

In annähernd 150 Film- und Fernsehrollen spielt der 1901 in Braunschweig geborene Schauspieler Charakterrollen vom Schlag des gutmütigen ganzen Kerls. Dabei sollte er nach dem Willen des Vaters Schlosser werden. Doch ein Theaterbesuch mit seiner älteren Schwester fasziniert den damals 13-Jährigen so nachhaltig, dass er später seine Lehre abbricht und – finanziert von seiner Schwester – eine Schauspielausbildung bei dem Braunschweiger Hofschauspieler Casimir Paris absolviert.

Gustav Knuth (Foto: Mitte) wird bei einem Gläschen Champagner der Lubitsch-Preis von den Clubmitgliedern überreicht

Der Film „Der Lügner" auch mit Heinz Rühmann ist unter folgendem Link bzw. QR-Code (kostenlos nach kurzer Werbung) zu sehen:

https://bit.ly/der-lügner-1962

Die beliebtesten Vornamen

1962 werden in Deutschland **901.657 Kinder** geboren. Die beliebtesten Vornamen sind:

Jungen:

1. Thomas
2. Michael
3. Andreas
4. Frank
5. Stefan
6. Peter
7. Torsten
8. Klaus
9. Ralf
10. Jörg

Mädchen:

1. Susanne
2. Andrea
3. Sabine
4. Petra
5. Birgit
6. Martina
7. Kerstin
8. Gabriele
9. Ute
10. Heike

Interessante Preise

Butter/kg	7,20 DM
Eier/Stück	0,20 DM
Milch/L	0,44 DM
Rindfleisch/kg	5,28 DM
Schwein/kg	7,02 DM
Zucker/kg	1,23 DM
Kartoffeln/kg	0,31 DM
Mehl/kg	1,04 DM

Prominente Geburtstagskinder

Folgende prominente ErdenbürgerInnen erblicken 1962 das Licht der Welt:

17. Januar: Jim Carrey
US-Schauspieler

12. März: Andreas Köpke
deutscher Torhüter

31. Mai: Sebastian Koch
deutscher Schauspieler

22. Juni: Campino
Sänger der Toten Hosen

2. März:
Jon Bon Jovi
US-Sänger

01.September: Ruud Gullit
ehem. Fußballer

03. Juli:
Tom Cruise
US-Schauspieler

19. Oktober:
Evander Holyfield
US-Boxer

31. Juli:
Wesley Snipes
US-Schauspieler

1962 als Kreuzworträtsel

1. Nachname von 007; 2. US-Popband; 3. Westernserie; 4. Tanz, bei dem die Hüften kreisen; 5. Bademode, die für Aufsehen sorgt; 6. Pilzköpfe; 7. Segelschiff auf dem gemeutert wird; 8. Nachname eines südafrikanischen Freiheitskämpfers; 9. Lustiger TV-Kobold; 10. Buchautor von Schatz im Silbersee; 11. Stadt der Weltausstellung 1962; 12. Nachname einer griechischen Schlagersängerin; 13. Beliebtester Jungenvorname; 14. 1962 geborener argentinisch-italienischer Schlagersänger; 15. Chinesisches Tierkreiszeichen

Lösung Kreuzworträtsel

1. Bond; 2. Stones; 3. Bonanza; 4. Twist; 5. Bikini; 6. Beatles; 7. Bounty; 8. Mandela; 9. Pumuckl; 10. Karlmay; 11. Seattle; 12. Mouskouri; 13. Thomas; 14. Seminorossi; 15. Tiger

Bildverzeichnis

alamy; bigstock; canto; gettyimages; okapia; pixxio; pixabay; shutterstock; stokpic. Trotz größter Sorgfalt konnten die Urheber nicht in allen Fällen ermittelt werden. Es wird gegebenenfalls um Mitteilung gebeten. Wir bitten um Verständnis, dass wir keinen Einfluss darauf haben, wie lange die externen Links (z.B. Youtube-Videos) abrufbar sind. Es besteht keinerlei wirtschaftliche oder sonstige Verbindung zu eventuell eingespielter Werbung vor den Videos. Cartoons: Nadja Kühnlieb

Impressum

Autorin: Nadja Kühnlieb

© 2022 Verlag Mensch
www.verlagmensch.com / info@verlagmensch.com
Dr. Roman Feßler LL.M.
6900 Bregenz - Österreich, Bregenzer Straße 64
Umschlaggestaltung: Ingeborg Helzle Grafikdesign
Covermotiv: Alamy

1. Auflage 2022

In der Serie Geburtstagsbücher für Männer sind noch erschienen:

In der Serie Geburtstagsbücher für Frauen sind erschienen:

Alle Jahrgänge enthalten Download-Material zum jeweiligen Geburtsjahr.
Alle Geburtstagsbücher sind exklusiv auf Amazon erhältlich.

Psychologische Ratgeber des Verlags

Auf 425 Seiten erhalten Sie 199 Praxistipps und Übungen von der erfahrenen Diplompsychologin und Verhaltenstherapeutin zur Erhöhung Ihres persönlichen Glückniveaus.

Identifizieren Sie Ihre einschränkenden Glaubenssätze und erfahren Sie, wie Sie mit positiven Affirmationen glücklicher und erfolgreicher werden.

Neben ausreichend Platz für Ihre Tagebucheintragungen erhalten Sie psychologisches Hintergrundwissen, Tipps und Übungen zum Thema Dankbarkeit.

Printed by Amazon Italia Logistica S.r.l.
Torrazza Piemonte (TO), Italy